Mukedi Diesta-Mputu Delphin

# OS VÍRUS NO MUNDO INFORMÁTICO

Mukedi Diesta-Mputu Delphin

# OS VÍRUS NO MUNDO INFORMÁTICO

ScienciaScripts

**Imprint**

Any brand names and product names mentioned in this book are subject to trademark, brand or patent protection and are trademarks or registered trademarks of their respective holders. The use of brand names, product names, common names, trade names, product descriptions etc. even without a particular marking in this work is in no way to be construed to mean that such names may be regarded as unrestricted in respect of trademark and brand protection legislation and could thus be used by anyone.

Cover image: www.ingimage.com

This book is a translation from the original published under ISBN 978-620-6-72494-0.

Publisher:
Sciencia Scripts
is a trademark of
Dodo Books Indian Ocean Ltd. and OmniScriptum S.R.L publishing group

120 High Road, East Finchley, London, N2 9ED, United Kingdom
Str. Armeneasca 28/1, office 1, Chisinau MD-2012, Republic of Moldova, Europe
Printed at: see last page
**ISBN: 978-620-8-26465-9**

# DEDICAÇÃO

A todos os meus descendentes, a dinastia Diesta-Mputu;

A todos os homens de Deus,

A todas as comunidades de instituições de ensino superior e universidades, ... ... ... que beneficiam do meu apoio,

Para todos vós.

Dedico-vos este manual.

# AGRADECIMENTOS

A redação de um artigo científico requer a colaboração de várias pessoas, algumas das quais diretamente envolvidas e outras: os heróis na sombra, que nunca podemos esquecer.

Os vírus no mundo dos computadores só têm ido até aqui, e nós admitimo-lo.

A todos os meus colaboradores em geral e em particular: Willy Lakungu, Jean-Baptiste Mimbu, Donat Bobia, Carine Ngiengi, Mfutila Chimène Ngunda, Nkutu Pelagie;

A todos os meus descendentes: "A dinastia Mukedi".

Aos falecidos Ilunga Placide, Charles Ndeke, Pépe, Flavien Mayibanzila e Akemito Malu Constant... sobretudo, deram-me o gosto pela docência no Ensino Superior e Universitário.

ème Gostaria de expressar o meu sincero agradecimento a todos os responsáveis da Bircham International University (BIU), que me cederam esta grande casa das Editions Universitaires Européennes, que é a minha instituição de 3 ciclos.

Ao Professor Wani Ley Florent, o historiador, ao Professor Pezo Nassou Rigobert (le tata longi ya nene), o nosso grande e antigo camarada de luta, que nunca poderemos esquecer, e a nossa lealdade na colaboração continua a ser o nosso único dividendo.

A todos os responsáveis das Editions Universitaires Européennes: em especial à Sra. Ecaterina Foghel, ao Sr. El Hajji...

Gostaria também de expressar a minha gratidão a todos aqueles cujos nomes não constam desta página e que contribuíram de alguma forma para o êxito deste trabalho.

Aceitem o meu carinho indelével pelas vossas várias contribuições encorajadoras para tornar este pensamento acessível a todos.

# Preâmbulo

O ranger de dentes a que os profissionais de TI e até os utilizadores estão constantemente sujeitos está na origem deste flagelo: os "vírus".

As consequências foram graves.

Os efeitos deste vírus fazem-se sentir frequentemente numa altura em que as necessidades são maiores, por exemplo :

- quando o pessoal é pago,

- durante os cálculos contabilísticos,

- na Assembleia Geral (destaques),

- em suma, quando o trabalho de influência está a ser realizado e o requerente aguarda pacientemente o resultado.

[1][2]O requerente não tem em conta todos os procedimentos para obter respostas, pensando que é o computador que realiza todas as operações, quando é um grande exercício técnico para os informáticos organizarem o serviço ou a aplicação técnica para atingir o objetivo.

As pessoas por detrás de todos estes flagelos nunca foram frequentemente identificadas e, até agora, têm trabalhado na clandestinidade.

É por isso que colocamos este manual à disposição de todos,

---

[1] Mukedi Diesta-Mputu D., Quelques résolutions majeures des difficultés professionnelles en informatique de gestion/entreprise, EUE, 2024 p 56

[2] Mukedi Diesta-Mputu D., L'organisation d'un service informatique dans un système de gestion/entreprise, EUE, 2024 p. 15

com toda a veracidade das ideias, para ajudar as pessoas a compreender este flagelo.

No entanto, os pontos que apresentamos neste manual, quer sejam recentes ou não, destinam-se a fornecer orientações e a estimular a sua compreensão, como esperamos que aconteça.

Que isto não seja uma pedra de tropeço, mas antes um ponto de referência para explorar as diferenças.

"O autor

# Informações gerais sobre os vírus

O mundo atual preconiza interesses cuja sede de dinheiro é desenfreada a todos os níveis e para todos os indivíduos, sobretudo os ricos. Até querem tirar a vida aos outros para ganhar mais e ganhar muito, ao mesmo tempo que vitimizam os mais desfavorecidos, o que é deplorável, uma vez que existe a complementaridade, que por sua vez defende a igualdade, porque ninguém é suficiente sozinho, nunca, nunca!

[3] Esta atitude está descrita no nosso livro: pobreza mental, arma nuclear "desenfreada", o que é que dissemos? É um estado de espírito, mas todos precisam uns dos outros e todos têm os mesmos direitos e deveres, porquê?

[3] Atualmente, até o mundo das tecnologias da informação e da comunicação foi vítima desta pobreza mental. Vírus".

O vírus, que tem sido relativamente utilizado nas ciências médicas e da saúde, transcendeu para um sistema informático e tem os mesmos efeitos que as armas nucleares.

Nas ciências da saúde, é um micróbio que está na origem de muitas das consequências da vida humana e, na informática, prejudica de forma sistemática ou automática o funcionamento de um sistema informático.

O flagelo que assolou e assola o mundo atual, cujo medo nos confunde.

[4] A República Democrática do Congo tornou-se uma referência mundial no domínio da saúde com o caso do vírus Ébola desde

---

[3] Mukedi Diest-Mputu D., La pauvreté mentale, une arme nucléaire "sévissant", EUE, 2024 p.18
[4] Lemag.ird.fr, Jean Jacques Muyembe,

1976, que todos nós experimentámos e continuamos a experimentar outros casos: o coronavírus-2019, atualmente estamos a falar do vírus da varíola do macaco. Estas doenças contagiosas estão a explodir e toda a população está atenta a elas. Mais grave ainda, têm consequências graves e fatais, custando frequentemente vidas humanas.

Quando transcendido para um computador, altera permanentemente a vida de todo um sistema informático.

# CAPÍTULO I: ORIGEM E ALGUNS TIPOS DE VÍRUS

## 1-    Origem

### a- Origem dos vírus

Pelo menos se houver outra confirmação nesta altura do ano, mas na realidade, até agora, a origem dos vírus e dos programas nocivos tem permanecido obscura, devido à clandestinidade operacional dos seus criadores/empresas, o que os torna muito difíceis de localizar e até de identificar.

Tendo em conta as suas sequelas, a nossa experiência e as consequências que vivemos, levamos a sublinhar que existem relativamente duas razões (objectivos) fundamentais para a sua origem:

1-    Incómodo/destruição: embora estes criadores actuem clandestinamente, o seu objetivo é danificar/destruir os sistemas de informação existentes para garantir o bom funcionamento das empresas.

2-    [5]As Empresas, agindo clandestinamente, lançando vírus no mercado, também fabricam elas próprias anti-vírus, que costumavam testar; dado que estes testes beneficiavam os informáticos e os utilizadores, aboliram-nos, vendendo-os diretamente para seu proveito imediato.

Perante a dificuldade de repor em funcionamento os sistemas de informação atacados, os informáticos ou os utilizadores sentem-se obrigados a comprar software antivírus para se protegerem, o que enriquece a clandestinidade, que, por sua

---

[5] Idem, p. 40

vez, se encontra bem de vida e ganha o seu pão de forma ilícita.

## b-Origem da palavra vírus

A palavra vírus vem da palavra latina para veneno[6]

1-    Um agente infecioso muito pequeno que tem apenas um tipo de ácido nucleico, ADN ou ARN, e que só se pode reproduzir parasitando uma célula.

2-    Princípio do contágio moral, o vírus do protesto

O veneno é uma substância nociva para todos os seres vivos: nas plantas, nos insectos, nos animais e sobretudo no homem, que é o mais frágil. Tem vários nomes consoante a sua finalidade ou missão, e há vários tipos que nos assolam atualmente, de acordo com os seus alvos.

3-    Em TI

Instrução parasita ou sequência de instruções introduzidas num programa e susceptíveis de causar diversas perturbações no funcionamento do computador.

Atualmente, as consequências fazem-se sentir em todos os locais onde a gestão informática é aplicada sem constrangimentos, atrasos ou receios. [7]Para resistir a esta situação, estão previstas várias medidas de qualidade, que requerem um conhecimento aprofundado para apoiar os outros face a este flagelo, designado por segurança informática, ou seja, a segurança de um sistema de informação.

É certo que uma brisa efémera trará alívio ao mundo em questão, de uma forma ou de outra, mas é preciso pôr em prática

---

[6] Le petit Larousse illustré 2009, p.1070
[7] Wikipédia

medidas e recomendações.

Um **vírus** é um pequeno programa de computador localizado no corpo de outro programa que, quando executado, se carrega na memória e executa as instruções que o seu autor programou. A definição de vírus poderia ser a seguinte: "qualquer programa de computador capaz de infetar outro programa de computador, modificando-o de tal forma que, por sua vez, se possa reproduzir".

O verdadeiro nome dado aos vírus é *CPA* ou *Código Auto-Propagável,* mas por analogia com a área médica, foi-lhes dado o nome de "vírus".

## 2- Tipo de vírus

**Os vírus** *Terminate and stay resident* (**TSR***)* carregam-se na memória RAM do computador para infetar ficheiros executáveis iniciados pelo utilizador. Os vírus não residentes infectam programas no disco rígido assim que são executados.

O âmbito dos vírus vai desde a simples bola de pingue-pongue que atravessa o ecrã até ao vírus destruidor de dados, sendo este último a forma mais perigosa de vírus. Assim, dado que existe uma vasta gama de vírus com acções tão diversas quanto variadas, os vírus não são classificados de acordo com os seus danos, mas sim de acordo com o seu modo de propagação e infeção.

Existem diferentes tipos de vírus:

- .os worms são vírus capazes de se propagarem através de uma rede

- Os Trojans são vírus utilizados para criar uma

vulnerabilidade num sistema (geralmente para permitir que o criador entre no sistema infetado e assuma o controlo do mesmo).

- .as bombas lógicas são vírus que podem ser acionados por um evento específico (data do sistema, ativação remota, etc.)

Nos últimos anos, surgiu um outro fenómeno: os hoaxes, ou seja, os anúncios recebidos por correio eletrónico (por exemplo, o anúncio do aparecimento de um novo vírus destrutivo ou a possibilidade de ganhar um telemóvel gratuito) acompanhados de uma nota que diz às pessoas para reencaminharem a notícia para todos os seus amigos e familiares. O objetivo deste processo é entupir as redes e espalhar a desinformação.

## Vírus mutantes

Na realidade, a maioria dos vírus são clones ou, mais precisamente, **"vírus mutantes"**, ou seja, vírus que foram reescritos por outros utilizadores para modificar o seu comportamento ou assinatura.

O facto de existirem várias versões (conhecidas como **variantes**) do mesmo vírus torna-o ainda mais difícil de detetar, uma vez que os editores de antivírus têm de adicionar estas novas assinaturas às suas bases de dados.

## Vírus polimórficos

Uma vez que o software antivírus detecta os vírus pela sua assinatura (a sucessão de bits que os identifica), alguns criadores de vírus pensaram em dar-lhes a capacidade de mudar automaticamente a sua aparência, como um camaleão, equipando os vírus com funções para encriptar e desencriptar a sua assinatura, de modo a que apenas estes vírus sejam capazes de reconhecer a sua própria assinatura. Este tipo de vírus é conhecido como **"vírus polimórfico"** (uma palavra derivada do grego que significa *"que pode assumir várias formas"*).

## Retrovírus

Um **"retrovírus"** ou "vírus *caçador de recompensas*" é um vírus com a capacidade de modificar assinaturas de antivírus para as tornar inoperantes.

## Vírus do sector de arranque

Um **"vírus do sector de arranque"** é um vírus capaz de infetar o sector de arranque *(MBR,* ou *master boot record)* de um disco rígido*, ou seja*, um sector do disco copiado para a memória quando o computador arranca e depois executado para arrancar o sistema operativo.

## Vírus trans-aplicativos (vírus macro)

Com a proliferação de programas que utilizam macros, a Microsoft desenvolveu uma linguagem de script comum que pode ser inserida na maioria dos documentos que contêm macros: VBScript, um subconjunto do Visual Basic. Estes vírus são agora capazes de infetar macros em documentos do Microsoft Office, o que significa que um vírus deste tipo pode ser localizado dentro de um documento normal do Word ou do Excel e executar uma parte do código quando o documento é aberto, permitindo-lhe não só propagar-se através dos ficheiros, mas também aceder ao sistema operativo (normalmente o Windows).

No entanto, um número crescente de aplicações suporta Visual Basic, pelo que estes vírus são concebíveis em muitas outras aplicações que suportam VBScript.

O início do terceiro milénio assistiu ao aparecimento generalizado de scripts Visual Basic distribuídos por correio eletrónico como anexos (identificáveis pela sua extensão .*VBS)* com um título de correio eletrónico que incitava o utilizador a abrir o presente envenenado.

Quando aberto num cliente de correio eletrónico da Microsoft, pode aceder a todo o livro de endereços e auto-distribuir-se pela rede. Este tipo de vírus é conhecido como worm.

**Vermes actuais**

Os worms actuais propagam-se principalmente por correio eletrónico (e, em particular, pelo cliente de correio eletrónico *Outlook)* através de ficheiros anexados que contêm instruções para recuperar todos os endereços de correio eletrónico contidos no livro de endereços e enviar cópias de si próprios a todos esses destinatários.

Estes worms são normalmente scripts (geralmente VBScript) ou ficheiros executáveis enviados como anexos e desencadeados quando o utilizador destinatário clica no ficheiro anexado.

# CAPÍTULO 2: ALGUMAS MEDIDAS DE PROTECÇÃO

Vejamos: são tomadas certas medidas para combater os vírus - falamos dos softwares/programas concebidos, conhecidos como antivírus.

Alguns sistemas operativos mais flexíveis e dinâmicos estão a resistir a este flagelo: a família Unix (Ubuntu, Unix, Lunix) e também algumas das versões mais avançadas do Windows.

Estes mesmos antivírus têm limites temporais para a sua utilização e, uma vez expirados, também eles se tornam vírus.

## Conceito de antivírus

Um antivírus é um programa capaz de detetar a presença de vírus num computador e, sempre que possível, de o desinfetar. O procedimento de limpeza de um computador é conhecido como erradicação de vírus.

Existem vários métodos de erradicação:

- .Eliminar do ficheiro infetado o código correspondente ao vírus ;

- .Eliminar o ficheiro infetado ;

- . Colocar o ficheiro infetado em quarentena, movendo-o para um local onde não possa ser executado.

## 1- Deteção de vírus

Os vírus reproduzem-se infectando *"aplicações hospedeiras", ou seja*, copiando uma parte do código executável dentro de um programa existente. Para evitar um funcionamento caótico, os vírus estão programados para não infetar várias vezes o mesmo ficheiro. Por isso, incluem na aplicação infetada uma sequência de bytes que lhes permite verificar se o programa já foi infetado: é a assinatura viral.

O software antivírus baseia-se nesta assinatura, que é específica de cada vírus, para os detetar. Este é o método **de pesquisa de assinaturas** *(scanning),* o método mais antigo utilizado pelo software antivírus. Este método só é fiável se o antivírus tiver uma base de dados de vírus actualizada, ou seja, que contenha as assinaturas de todos os vírus conhecidos. No entanto, este método não permite a deteção de vírus que ainda não tenham sido listados pelos editores de antivírus. Além disso, os programadores de vírus dotaram-nos de capacidades de camuflagem, de modo a tornar a sua assinatura difícil de detetar, ou mesmo indetetável; estes são conhecidos como "**vírus polimórficos**".

Alguns programas antivírus utilizam um **verificador de integridade** para verificar se os ficheiros foram modificados. O verificador de integridade constrói uma base de dados que contém informações sobre ficheiros executáveis no sistema (data de modificação, tamanho e possivelmente uma soma de verificação). Quando um ficheiro executável altera as suas caraterísticas, o antivírus avisa o utilizador da máquina.

## 2- Proteção

Proteger-se de uma infeção por worms é simples. O melhor método é não abrir "às cegas" os ficheiros que lhe são enviados como anexos.

Isto significa que todos os ficheiros que podem ser executados ou interpretados pelo sistema operativo podem potencialmente infetar o seu computador. Os ficheiros com as seguintes extensões, em particular, são potencialmente susceptíveis de infeção:

exe, com, bat, pif, vbs, scr, doc, xls, msi, eml

No Windows, é aconselhável desativar a função *"ocultar extensões"*, uma vez que esta pode induzir o utilizador em erro quanto à verdadeira extensão de um ficheiro. Por exemplo, um ficheiro com a extensão *.jpg.vbs* aparecerá como um ficheiro com a extensão *.jpg*!

Os ficheiros com as seguintes extensões não são interpretados pelo sistema e, por isso, apresentam um risco mínimo de infeção:

txt, jpg, gif, bmp, avi, mpg, asf, dat, mp3,

wav, mid, ram, rm

Diz-se frequentemente que os ficheiros GIF ou JPG podem conter vírus.

Qualquer ficheiro pode conter um código informático portador de um vírus, mas o sistema terá de ter sido modificado por outro vírus para poder interpretar o código contido nestes ficheiros!

Para todos os ficheiros cuja extensão possa sugerir que o ficheiro está infetado (ou para as extensões que não conhece), não hesite em instalar um antivírus e analisar sistematicamente o ficheiro anexado antes de o abrir.

Aqui está uma lista mais completa (não exaustiva) de extensões de ficheiros que podem estar infectados por um :

**Extensões**

386, ACE, ACM, ACV, ARC, ARJ, ASD, ASP, AVB, AX, BAT, BIN, BOO, BTM, CAB, CLA, CLASS, CDR, CHM, CMD, CNV, COM, CPL, CPT, CSC, CSS, DLL, DOC, DOT DRV, DVB, DWG, EML, EXE, FON, GMS, GVB, HLP, HTA, HTM, HTML, HTA, HTT, INF, INI, JS, JSE, LNK, MDB, MHT, MHTM, MHTML, MPD, MPP, MPT, MSG, MSI, MSO, NWS, OBD, OBJ, OBT, OBZ, OCX, OFT, OV?, PCI, PIF, PL, PPT, PWZ, POT, PRC, QPW, RAR, SCR, SBF, SH, SHB, SHS, SHTML, SHW, SMM, SYS, TAR.GZ, TD0, TGZ, TT6, TLB, TSK, TSP, VBE, VBS, VBX, VOM, VS? VWP, VXE, VXD, WBK, WBT, WIZ, WK?, WPC, WPD, WML, WSH, WSC, XML, XLS, XLT, ZIP

Hoje em dia, com o avanço significativo do hardware dos computadores e a utilização generalizada da Internet, definir o sistema operativo para descarregar é também uma das medidas para combater este flagelo técnico.

Evitar o acesso de terceiros não seguradores a todos os suportes externos, ou seja, à memória de massa.

As cópias em várias outras máquinas também podem ajudar neste aspeto.

[8]A cópia de segurança de todos os programas sensíveis da empresa protege-a contra ataques corrosivos.

---

[8] Mukedi Diesta-Mputu D., a Organização da página 13

# CAPÍTULO 3: O CAVALO DE TRÓIA E OS SEUS MEANDROS

## Cavalo de Troia[9]

Um *cavalo* **de Troia** é um programa de computador que executa operações maliciosas sem o conhecimento do utilizador. O nome "Cavalo de Troia" vem de uma lenda contada na *Ilíada* (pelo escritor *Homero)* sobre o cerco da cidade de Troia pelos gregos.

Em informática, um **cavalo** de Troia é um programa escondido dentro de outro programa que executa comandos sub-repticiamente e geralmente dá acesso à máquina em que é executado, abrindo uma **porta traseira**.

Tal como um vírus, um cavalo de Troia é um código (programa) nocivo colocado dentro de um programa saudável (imagine um falso comando de listagem de ficheiros que destrói ficheiros em vez de mostrar uma lista).

Um cavalo de Troia pode, por exemplo

- .roubar palavras-passe ;

- .copiar dados sensíveis ;

- .realizar qualquer outra ação prejudicial ;

- .etc.

Pior ainda, um programa deste tipo pode criar uma violação de segurança deliberada a partir do interior da rede, permitindo o

---

[9] François P, Encyclopédie Informatique Comment ça marche 2009

acesso a partes protegidas da rede a pessoas que se ligam a partir do exterior.

Os principais cavalos de Troia são programas que abrem portas de máquinas, ou seja, permitem que o seu criador entre na sua máquina através da rede, abrindo uma **porta traseira**. É por esta razão que são geralmente designados *por backdoors* ou *backorifices*.

Um cavalo de Troia não é necessariamente um vírus, uma vez que o seu objetivo não é reproduzir-se e infetar outras máquinas. Por outro lado, alguns vírus também podem ser cavalos de Troia, ou seja, propagam-se como um vírus e abrem uma porta nas máquinas infectadas!

A deteção de um programa deste tipo é difícil porque é necessário detetar se a ação do programa (o cavalo de Troia) é ou não pretendida pelo utilizador.

## 1- Sintomas de infeção

A infeção por um cavalo de Troia segue-se geralmente à abertura de um ficheiro contaminado que contém o cavalo de Troia (ver o artigo sobre proteção contra worms) e resulta nos seguintes sintomas

- . atividade anormal do modem ou da placa de rede: os dados são carregados quando não há atividade do utilizador ;

- . reacções curiosas dos ratos ;

- . aberturas improvisadas de programas ;

- . repetidos acidentes ;

## 2- O princípio do cavalo de Troia

O princípio por detrás dos cavalos de Troia é geralmente (e cada vez mais) abrir uma porta na sua máquina para permitir que um pirata informático assuma o controlo da mesma (por exemplo, para roubar dados pessoais armazenados no disco). O objetivo do pirata informático é, em primeiro lugar, infetar a sua máquina fazendo com que abra um ficheiro infetado que contenha o cavalo de Troia e, em segundo lugar, aceder à sua máquina através da porta que abriu.

No entanto, para se infiltrar no seu computador, o hacker precisa geralmente de saber o seu endereço IP. Por isso :

- .ou tem um endereço IP fixo (no caso de uma empresa ou, por vezes, de particulares ligados por cabo, etc.), a partir do qual o endereço IP pode ser facilmente recuperado.

- .ou o seu endereço IP é dinâmico (atribuído a cada ligação), como é o caso das ligações por modem, caso em que o hacker tem de procurar endereços IP ao acaso para detetar endereços IP correspondentes a máquinas infectadas.

## 3- A luta contra os troianos

Para se proteger deste tipo de intrusão, basta instalar uma firewall, ou seja, um programa que filtra as comunicações que entram e saem da sua máquina. Uma *firewall* permite-lhe ver as comunicações que saem da sua máquina (normalmente iniciadas por programas que utiliza) ou as comunicações que entram. No entanto, é possível que a firewall detecte ligações do mundo exterior sem que o utilizador seja a **vítima escolhida por** um hacker. Isto pode dever-se a testes efectuados pelo seu ISP ou a um hacker que analisa aleatoriamente uma série de endereços IP.

Para sistemas baseados em Windows, existem algumas firewalls gratuitas muito poderosas:

- .ZoneAlarm

- .Firewall pessoal minúscula

## 4- Infeção

Se um programa de origem desconhecida tentar abrir uma ligação, a firewall pedir-lhe-á uma confirmação antes de iniciar a ligação. É essencial não autorizar ligações a programas que não conhece, pois podem muito bem ser cavalos de Troia.

Em caso de recorrência, pode ser útil verificar se o computador não está infetado por um cavalo de Troia, utilizando um programa para o detetar e eliminar (conhecido como *cavalo de Troia)*.

## Lista de portas normalmente utilizadas por cavalos de Troia

Os cavalos de Troia abrem normalmente uma porta na máquina infetada e esperam que seja aberta uma ligação nessa porta antes de darem o controlo total a potenciais piratas informáticos. Segue-se uma lista (não exaustiva) das principais portas utilizadas pelos cavalos de Troia (fonte: sítio Web da Rico):

| Porto | Troiano |
| --- | --- |
| 21 | Back construction, Blade runner, Doly, Fore, trojan FTP, Invisible FTP, Larva, WebEx, WinCrash |
| 23 | TTS (Tiny Telnet Server) |
| 25 | Ajan, Antigen, Email Password Sender, Happy99, Kuang 2, ProMail trojan, Shtrilitz, Stealth, Tapiras, Terminator, WinPC, WinSpy |
| 31 | Agente 31, Paraíso dos Hackers, Paraíso dos Mestres |
| 41 | Garganta Funda |
| 59 | DMSetup |
| 79 | Fogueteiro |
| 80 | Executor, RingZero |
| 99 | Porta oculta |
| 110 | Trojan ProMail |
| 113 | Kazimas |
| 119 | Feliz 99 |
| 121 | JammerKillah |
| 421 | TCP Wrappers |
| 456 | Paraíso dos Hackers |
| 531 | Rasmim |
| 555 | Ini-Killer, NetAdmin, Phase Zero, Stealth Spy |
| 666 | Attack FTP, Back Construction, Cain & Abel, Satanz Backdoor, ServeU, Shadow Phyre |
| 911 | Sombra Negra |
| 999 | Garganta Funda, WinSatan |
| 1002 | Silenciador, WebEx |
| 1010 à 1015 | Trojan Doly |

| | |
|---|---|
| 1024 | NetSpy |
| 1042 | Bla |
| 1045 | Rasmim |
| 1090 | Xtreme |
| 1170 | Psyber Stream Server, Trojan de áudio em fluxo contínuo, voz |
| 1234 | Trojan Ultor |
| porta 1234 | Trojan Ultors |
| porto 1243 | BackDoor-G, SubSeven, SubSeven Apocalipse |
| porto 1245 | Boneca VooDoo |
| porto 1269 | Matriz Mavericks |
| porta 1349 (UDP) | BO DLL |
| porto 1492 | FTP99CMP |
| porto 1509 | Servidor de transmissão em fluxo contínuo Psyber |
| porto 1600 | Shivka-Burka |
| porto 1807 | SpySender |
| porto 1981 | Choque |
| porto 1999 | Porta dos fundos |
| porto 1999 | TransScout |
| porto 2000 | TransScout |
| porto 2001 | TransScout |
| porto 2001 | Vaca de Troia |
| porto 2002 | TransScout |
| porto 2003 | TransScout |
| porto 2004 | TransScout |
| porto 2005 | TransScout |
| porto 2023 | Estripador |
| porto 2115 | Insectos |
| porto 2140 | Garganta Funda, O Invasor |

| | |
|---|---|
| porto 2155 | Correio de ilusão |
| porto 2283 | HVL Rat5 |
| porta 2565 | Atacante |
| porto 2583 | WinCrash |
| porta 2600 | Cerveja digital RootBeer |
| porta 2801 | Phineas Phucker |
| Porta 2989 (UDP) | RAT |
| porto 3024 | WinCrash |
| porto 3128 | AnelZero |
| porto 3129 | Paraíso dos Mestres |
| porto 3150 | Garganta Funda, O Invasor |
| porto 3459 | Eclipse 2000 |
| porta 3700 | portal da desgraça |
| porto 3791 | Eclypse |
| porta 3801 (UDP) | Eclypse |
| porta 4092 | WinCrash |
| porta 4321 | BoBo |
| porto 4567 | Unha de lima |
| porto 4590 | ICQTrojan |
| porta 5000 | Bubbel, configuração de backdoor, soquetes de Trojan |
| porta 5001 | Configuração de Back Door, Trojan Sockets |
| porto 5011 | Um dos últimos troianos (OOTLT) |
| porto 5031 | NetMetro |
| porta 5321 | Fogueteiro |
| porta 5400 | Blade Runner, Construção posterior |
| porto 5401 | Blade Runner, Construção posterior |
| porto 5402 | Blade Runner, Construção posterior |
| porta 5550 | Xtcp |
| porto 5512 | Correio de ilusão |

| | |
|---|---|
| porta 5555 | ServirMe |
| porta 5556 | BO Facil |
| porta 5557 | BO Facil |
| porto 5569 | Robo-Hack |
| porto 5742 | WinCrash |
| porta 6400 | A Coisa |
| porto 6669 | Vampiro |
| porto 6670 | Garganta profunda |
| porta 6771 | Garganta profunda |
| porta 6776 | BackDoor-G, SubSeven |
| porto 6912 | Shit Heep (não na porta 69123!) |
| porto 6939 | Doutrinação |
| porto 6969 | GateCrasher, Prioridade, IRC 3 |
| porto 6970 | GateCrasher |
| porta 7000 | Agarrar à distância, Kazimas |
| porta 7300 | NetMonitor |
| porto 7301 | NetMonitor |
| porto 7306 | NetMonitor |
| porto 7307 | NetMonitor |
| porto 7308 | NetMonitor |
| porto 7789 | Configuração da porta traseira, ICKiller |
| porta 8080 | AnelZero |
| porta 9400 | EmComando |
| porto 9872 | portal da desgraça |
| porto 9873 | portal da desgraça |
| porto 9874 | portal da desgraça |
| porto 9875 | portal da desgraça |
| porto 9876 | Ciberataque |
| porto 9878 | TransScout |
| porto 9989 | iNi-Killer |

| | |
|---|---|
| porta 10067 (UDP) | portal da desgraça |
| porto 10101 | BrainSpy |
| porta 10167 (UDP) | portal da desgraça |
| porto 10520 | Tremores ácidos |
| porto 10607 | Coma |
| porta 11000 | Espião Senna |
| porto 11223 | Trojan Progénico |
| porto 12076 | Gjamer |
| porta 12223 | Hack'99 KeyLogger |
| porta 12345 | GabanBus, NetBus, Pie Bill Gates, X-bill |
| porta 12346 | GabanBus, NetBus, X-bill |
| porta 12361 | Jogo do galo |
| porta 12362 | Jogo do galo |
| porto 12631 | Trabalho maluco |
| porta 13000 | Espião Senna |
| porto 16969 | Prioridade |
| porto 17300 | Kuang2 O vírus |
| porto 20000 | Milénio |
| porto 20001 | Milénio |
| porto 20034 | NetBus 2 Pro |
| porto 20203 | Registado |
| porto 21544 | Amiga |
| porto 22222 | Prosiak |
| porto 23456 | FTP maléfico, FTP feio, Trabalho de merda |
| porto 23476 | Donald Dick |
| porto 23477 | Donald Dick |
| porta 26274 (UDP) | Fonte Delta |
| porto 27374 | SubSeven 2.0 |
| porta 29891 (UDP) | O inexplicável |

| | |
|---|---|
| porto 30029 | Trojan AOL |
| porto 30100 | NetSphere |
| porto 30101 | NetSphere |
| porto 30102 | NetSphere |
| porto 30303 | Tomadas de Troia |
| porto 30999 | Kuang2 |
| porto 31336 | Bo Whack |
| porto 31337 | Baron Night, cliente BO, BO2, Bo Facil |
| porta 31337 (UDP) | BackFire, Back Orifice, DeepBO |
| porto 31338 | NetSpy DK |
| porta 31338 (UDP) | Orifício traseiro, DeepBO |
| porto 31339 | NetSpy DK |
| porto 31666 | BOWhack |
| porto 31785 | Hack'a'Tack |
| porto 31787 | Hack'a'Tack |
| porto 31788 | Hack'a'Tack |
| porta 31789 (UDP) | Hack'a'Tack |
| porta 31791 (UDP) | Hack'a'Tack |
| porto 31792 | Hack'a'Tack |
| porto 33333 | Prosiak |
| porto 33911 | Espírito 2001a |
| porta 34324 | BigGluck, TN |
| porto 40412 | O espião |
| porto 40421 | Agente 40421, Masters Paradise |
| porto 40422 | Paraíso dos Mestres |
| porto 40423 | Paraíso dos Mestres |
| porto 40426 | Paraíso dos Mestres |
| porta 47262 (UDP) | Fonte Delta |
| porto 50505 | Tomadas de Troia |
| porto 50766 | Fore, Schwindler |
| porto 53001 | Encerramento remoto do Windows |
| porto 54320 | Orifício posterior 2000 |
| porta 54321 | Autocarro escolar |

| porta 54321 (UDP) | Orifício posterior 2000 |
| --- | --- |
| porto 60000 | Garganta Funda |
| porto 61466 | Telecommando |
| porta 65000 | Diabo |

# CAPÍTULO 4: ALGUMAS CARACTERÍSTICAS PREJUDICIAIS DAS REDES INFORMÁTICAS

## 1- Bombas lógicas

As bombas lógicas são dispositivos programados que são acionados num momento específico através da exploração da data do sistema, do lançamento de um comando ou de qualquer chamada para o sistema.

Este tipo de vírus é capaz de se ativar num momento preciso num grande número de máquinas (conhecido como *bomba-relógio)*.

As bombas lógicas são geralmente utilizadas para criar uma negação de serviço, saturando as ligações de rede de um sítio, serviço em linha ou empresa.

## 2- Spyware

**O spyware** é um programa que recolhe informações sobre o utilizador do computador em que está instalado (por vezes designado por *espião)* e as envia à empresa que o distribui, permitindo-lhe traçar um perfil dos utilizadores da Internet (conhecido por *profiling)*.

As informações recolhidas podem ser :

- rastreabilidade dos URLs dos sítios visitados,

- seguir as palavras-chave introduzidas nos motores de busca,

- .análise das compras efectuadas através da Internet,

- .ou mesmo dados de pagamento bancário (número de cartão de crédito / VISA)

- .ou informações pessoais.

O spyware é geralmente instalado ao mesmo tempo que outro software (normalmente freeware ou shareware). Isto permite que os autores desse software obtenham lucros com a venda de informações estatísticas, distribuindo assim o seu software gratuitamente. Trata-se de um modelo de negócio em que o software gratuito é obtido em troca da transferência de dados pessoais.

O spyware não é necessariamente ilegal porque a licença de utilização do software que o acompanha especifica que este programa de terceiros será instalado! No entanto, como os utilizadores raramente lêem a licença de utilização completa, raramente se apercebem de que esse software está a traçar o seu perfil nas suas costas.

Para além dos danos causados pela divulgação de informações pessoais, o spyware também pode ser uma fonte de vários outros incómodos:

- .consumo de RAM,

- .utilização do espaço em disco,

- .mobilizar os recursos do processador,

- .outras aplicações falham,

- .inconvenientes ergonómicos (por exemplo, a abertura de ecrãs de publicidade orientados em função dos dados recolhidos).

## 3-    Tipos de spyware

Existem geralmente dois tipos de spyware:

- **Software espião interno** (ou *spyware interno* ou *spyware integrado)* com linhas diretas de código dedicadas a funções de recolha de dados.

- **Spyware externo**, programas de recolha autónomos instalados Eis uma lista não exaustiva de spyware não integrado :

Alexa, Aureate/Radiate, BargainBuddy, ClickTillUWin, Conducent Timesink, Cydoor, Comet Cursor, Doubleclick, DSSAgent, EverAd, eZula/KaZaa Toptext, Flashpoint/ Flashtrack, Flyswat, Gator/Claria, GoHip, Hotbar, ISTbar, Lop, NewDotNet, Realplayer, SaveNow, Songspy, Xupiter, Web3000 e WebHancer

## Proteger-se

A principal dificuldade do spyware é a sua deteção. A melhor forma de se proteger é não instalar qualquer software se não tiver 100% de certeza da sua origem e fiabilidade (particularmente freeware, shareware e software de troca de ficheiros peer-to-peer). Eis alguns exemplos (não é uma lista exaustiva) de software conhecido por conter um ou mais programas de spyware: Babylon Translator, GetRight, Go!Zilla, Download Accelerator, Cute FTP, PKZip, KaZaA e iMesh.

Além disso, a desinstalação deste tipo de software raramente remove o spyware que o acompanha. Pior ainda, pode causar o mau funcionamento de outras aplicações!

Na prática, é quase impossível não instalar software. A presença de processos suspeitos em segundo plano, ficheiros estranhos ou entradas preocupantes no registo podem, por vezes, denunciar a presença de spyware no sistema.

Se não passar um pente fino no seu registo todos os dias, pode ter a certeza de que existe software **anti-spyware** disponível para detetar e remover ficheiros, processos e entradas de registo criados por spyware.

A instalação de uma firewall pessoal também pode detetar a presença de spyware e impedir que este aceda à Internet (e transmita as informações que recolhe).

## 4- Alguns anti-spyware

Os produtos anti-spyware mais conhecidos e mais eficazes incluem :

Ad-Aware de Lavasoft.de Spybot Search&Destroy

## Keyloggers

Um **keylogger** é um dispositivo que grava as teclas premidas e as guarda sem o conhecimento do utilizador. Trata-se, portanto, de um dispositivo de espionagem.

Alguns keyloggers são capazes de registar URLs visitados, e-mails consultados ou enviados, ficheiros abertos e até criar um vídeo de toda a atividade do computador!

Como os keyloggers registam todas as teclas premidas, podem ser utilizados por pessoas mal-intencionadas para recuperar as palavras-passe dos utilizadores de estações de trabalho! Isto significa que é necessário estar particularmente atento quando se utiliza um computador em que não se pode confiar (como uma estação de trabalho de acesso livre numa empresa, escola ou local público como um cibercafé).

## 5-    Keyloggers: software ou hardware

Os keyloggers podem ser software ou hardware. O primeiro envolve um processo furtivo (ou um com um nome muito semelhante ao nome de um processo do sistema), que escreve a informação capturada num ficheiro oculto! Os keyloggers também podem ser hardware: um dispositivo (cabo ou dongle) inserido entre a tomada do teclado do computador e o teclado.

### Proteger-se dos keyloggers

A melhor maneira de se proteger é estar atento:

- .Não instalar software de origem duvidosa,

- .Tenha cuidado quando se liga a um computador que não lhe pertence! Se for um computador de acesso livre, dê uma vista de olhos rápida à configuração antes de se ligar a sites que pedem a sua palavra-passe, para ver se outros utilizadores já lá estiveram antes de si e se é ou não possível a um utilizador comum instalar software. Em caso de dúvida, não se ligue a sítios seguros onde exista um risco (banca em linha, etc.).

Se tiver oportunidade, inspeccione o computador com software anti-spyware.

### Apresentação do vírus Sircam

O vírus Sircam (nome de código *W32.Sircam.Worm@mm, Backdoor.SirCam* ou *Troj_Sircam.a)* é um worm que se espalha por correio eletrónico. Afecta particularmente os utilizadores do Microsoft Outlook nos sistemas operativos Windows 95, 98,

Millenium e 2000.

## As acções do vírus

O worm Sircam seleciona aleatoriamente um documento (com a extensão *.gif, .jpg, .mpg, .jpeg, .mpeg, .mov, .pdf, .png, .ps ou .zip) localizado no* diretório *c:My Documents do* computador infetado e, em seguida, envia automaticamente um e-mail com o nome desse documento como assunto, cujo corpo é uma das duas mensagens seguintes:

.Em inglês

."Olá! Como estás?

.Envio-lhe este ficheiro para obter o seu conselho. Obrigado".

"Olá! Como estás?

Espero que me possam ajudar com este ficheiro que envio

Até logo. Obrigado"

"Olá! Como estás?

Espero que gostem do ficheiro que vos envio

Até logo. Obrigado"

.Ou em espanhol

."Hola como estas?

.Te mando este archivo para que me des teu ponto de vista Nos vemos pronto, gracias."

O vírus Sircam anexa uma cópia de si próprio à mensagem, cujo nome é o do ficheiro recuperado do disco do utilizador com a dupla extensão *.vbs.*

O worm Sircam também corre o risco de apagar todos os ficheiros do seu disco rígido no dia 16 de outubro de cada ano, se o seu computador utilizar um formato de data europeu (dia/mês/ano).

O Sircam também adiciona texto ao ficheiro *c:\recycled\sircam.sys* sempre que a máquina é reiniciada, o que potencialmente satura o espaço disponível na unidade *C:*.

## Sintomas de infeção

As máquinas infectadas têm :

. Sirc32.exe

. Sircam.sys

. Run32.exe

Para verificar se está infetado, procure em todos os seus discos rígidos os ficheiros acima indicados *(Iniciar/Pesquisar/Arquivos ou Pastas)*.

# CAPÍTULO 5: ALGUNS PROCEDIMENTOS DE ERRADICAÇÃO.

São procedimentos ou métodos que podem aliviar os efeitos nocivos dos vírus num sistema atacado e que variam de vírus para vírus.

## 1- Para o vírus

A melhor maneira de erradicar o worm Sircam é usar um antivírus recente ou o kit de desinfeção da Symantec :

Também é possível efetuar uma desinfeção manual, seguindo o procedimento abaixo indicado:

- .Eliminar os ficheiros *Sirc32.exe* e *Sircam.sys*

- .Eliminar o ficheiro *c:\windows\Runddl32.exe*

- . Renomear o ficheiro *c:\windows\Run32.exe* para *c:\windows\Rundll32.exe*

## Apresentação do vírus Magist

O vírus Magistr (nome de código *W32/Magistr.b@MM, I-Worm.Magistr.b.poly* ou *PE_MAGISTR.B)* é um worm polimórfico (ou seja, um worm cuja forma, ou mais precisamente a assinatura, muda continuamente) que se propaga por correio eletrónico. É uma variante do worm *Disemboweler (Magistr.A), que afecta* particularmente os utilizadores de clientes de correio eletrónico Microsoft Outlook, Eudora ou Netscape com sistemas operativos Windows 95, 98, Millenium e 2000.

## 2- As acções do vírus

O vírus Magistr.B procura nos ficheiros do livro de endereços do sistema (respetivamente com as extensões .WAB e .DBX/.MBX para os clientes Outlook e Eudora), de modo a selecionar os destinatários da mensagem.

O assunto e o corpo da mensagem enviada pelo worm Magistr são escolhidos aleatoriamente a partir de um extrato de ficheiro encontrado no disco do computador infetado.

O vírus Magistr anexa uma cópia de si próprio à mensagem, cujo nome contém uma extensão (ou dupla extensão) como *.com, .bat, .pif, .exe ou .vbs.*

O verme Magistr corre também o risco de apagar todas as informações contidas no :

- .CMOS

- .a BIOS

- .O disco rígido

O vírus Magistr.B pode danificar seriamente o seu sistema e as informações nele armazenadas.

Além disso, o vírus Magistr.B é capaz de desativar a firewall pessoal *ZoneAlarm* usando o comando *WM_QUIT*.

### Sintomas de infeção

As máquinas infectadas têm as seguintes caraterísticas:

Mover o ponteiro do rato sobre a área de trabalho move os ícones.

## 1-    Para o vírus Magistr

O melhor método é utilizar um antivírus recente ou um kit de desinfeção.

## Apresentação do vírus Nimda

O vírus Nimda (nome de código *W32/Nimda*) é um worm que se propaga por correio eletrónico, mas também explora outros 4 métodos de propagação:

- .A Web

- .Diretórios partilhados

- .Vulnerabilidades do servidor Microsoft IIS

- .Trocas de ficheiros

## As acções do vírus

O worm Nimda recupera a lista de endereços nos livros de endereços do Microsoft Outlook e do Eudora, bem como os endereços de correio eletrónico contidos em ficheiros HTML no disco da máquina infetada.

O vírus Nimda envia então a todos os destinatários uma mensagem de correio eletrónico com um corpo vazio, um assunto aleatório e frequentemente muito longo e anexa um anexo com o nome *Readme.exe* ou *Readme.eml* (ficheiro que encapsula um ficheiro executável). Os vírus que utilizam uma extensão *.eml* exploram uma falha no Microsoft Internet Explorer 5.

O vírus Nimda também é capaz de se propagar através de diretórios partilhados em redes Microsoft Windows, infectando ficheiros executáveis aí localizados.

A visualização de páginas Web em servidores infectados com o vírus Nimda pode levar à infeção quando um utilizador visualiza essas páginas com um navegador Microsoft Internet Explorer 5 vulnerável.

O vírus Nimda também é capaz de assumir o controlo de um servidor Web Microsoft IIS (Internet Information Server), explorando determinadas falhas de segurança.

Finalmente, o vírus infecta ficheiros executáveis na máquina infetada, o que significa que também é capaz de se propagar através da troca de ficheiros.

**Sintomas de infeção**

As estações de trabalho infectadas com o worm Nimda têm os seguintes ficheiros no seu disco:

- .README.EXE

- .README.EML

- .ficheiros com a extensão .NWS

- .ficheiros com nomes como *mep*.tmp, mep*.tmp.exe* (por exemplo, *mepE002.tmp.exe)*

Para verificar se está infetado, procure em todos os seus discos rígidos os ficheiros acima indicados *(Iniciar/Pesquisar/Arquivos ou Pastas)*.

**2- Para o vírus Nimda**

O melhor método é começar por desligar a máquina infetada da rede e, em seguida, utilizar um antivírus recente ou o kit de desinfeção oferecido pela Symantec:

Além disso, o vírus propaga-se através de uma falha de segurança no Microsoft Internet Explorer, o que significa que o utilizador pode ser infetado pelo vírus ao navegar num sítio infetado. Para remediar esta situação, é necessário descarregar o patch (correção de software) para o Microsoft Internet Explorer 5.01 e 5.5. Verifique a versão do seu navegador e descarregue a correção, se necessário: http://www.microsoft.com/windows/ie/download/critical/Q29010 8/de fault.asp

## Apresentação do vírus BadTrans

O vírus BadTrans (nome de código *W32.BadTrans.B* ou *W32/Badtrans-B)* é um worm que se espalha por correio eletrónico. Também explora outro método de propagação:

- .Vulnerabilidades do Microsoft Internet Explorer

O vírus BadTrans.B afecta particularmente os utilizadores do Microsoft Outlook com os sistemas operativos Windows 95, 98, Millenium, NT4 e 2000, uma vez que o vírus é ativado simplesmente ao visualizar a mensagem (ou seja, mesmo que o utilizador não clique no anexo). http://www.microsoft.com/technet/security/bulletin/MS01-020.asp **Acções do vírus**

O worm BadTrans recupera a lista de endereços presentes nos livros de endereços do utilizador infetado, bem como as páginas web contidas nas pastas de cache da Internet e no diretório *Os Meus Documentos.*

O vírus BadTrans envia então a todos os destinatários um ficheiro :

- .com um corpo vazio, ou com a frase *"Dê uma vista de olhos ao anexo"*.

- .com o assunto *Re: <Tema de correio encontrado>*.

- .cujo anexo tem um nome composto por três partes

  o Parte I: um dos seguintes textos :

    - CARTÃO

    - DOCS

    - DIVERSÃO

    - HAMSTER NEWS_DOC

    - HUMOR

    - IMAGENS

    - ME_NUDE

    - Novo_Site_Napster

    - Notícias_doc

    - PICS

    - LEIAME

    - S3MSONG

    - PESQUISARURL

    - CONFIGURAÇÃO

    - Lamento_sobre_ontem

    - ÉS GORDO!

₀ Segunda parte: uma das seguintes extensões:

- .DOC

- .MP3

- .ZIP

₀ Terceira e última parte: uma das seguintes extensões:

- .pif

- .scr

A mensagem conterá um anexo do tipo :

.Me_Nude.MP3.scr

- Notícias_doc.DOC.scr

- HAMSTER.DOC.pif

- PICS.doc.scr

- HUMOR.MP3.scr

- README.MP3.scr

- FUN.MP3.pif

- TU és gordo!.MP3.scr

- ...

**Sintomas de infeção**

As estações de trabalho infectadas com o worm BadTrans têm o seguinte ficheiro no seu disco:

- kdll.dll, um cavalo de Troia que pode registar as teclas

premidas para recuperar os seus dados.

palavra-passe

Para verificar se está infetado, procure em todos os seus discos rígidos os ficheiros acima indicados *(Iniciar/Pesquisar/Arquivos ou Pastas).*

## 3- Para o vírus BadTrans

A melhor forma de erradicar o worm BadTrans é, em primeiro lugar, desligar a máquina infetada da rede e, em seguida, utilizar um software anti-vírus recente.

Além disso, o vírus propaga-se através de uma falha de segurança no Microsoft Outlook, o que significa que o utilizador pode ser infetado pelo vírus sem clicar no anexo. Para remediar esta situação, é necessário descarregar o patch (correção de software) para o Microsoft Outlook. Verifique o seu cliente de correio eletrónico e descarregue a correção, se necessário: http://www.microsoft.com/technet/security/bulletin/MS01-020.asp **Visão geral do vírus Klez**

O vírus Klez surgiu no início de 2002 e é atualmente omnipresente nas redes. O risco que representa é tanto maior quanto o aparecimento constante de novas variantes do vírus (Klez.e, Klez.g, Klez.h, Klez.i, Klez.k, etc.). As novas versões do vírus incorporam mecanismos de distribuição cada vez mais inovadores, tornando a sua propagação cada vez mais fácil. O vírus KLEZ (nome de código *W32.Klez.Worm@mm)* é um worm que se propaga por correio eletrónico. Também explora 4 outros métodos de propagação:

- .A Web

- . Diretórios partilhados

- . Vulnerabilidades do servidor Microsoft IIS

- . Trocas de ficheiros

Afecta particularmente os utilizadores do Microsoft Outlook nos sistemas operativos Windows 95, 98, Millenium, NT4, 2000 e XP, bem como os utilizadores do Microsoft Internet Explorer.

**As acções do vírus**

O worm Klez recupera a lista de endereços nos livros de endereços do Microsoft Outlook, Eudora e software de mensagens instantâneas (ICQ).

O vírus Klez envia então correio para todos os destinatários usando o seu próprio servidor SMTP.

O vírus Klez, por exemplo, é capaz de gerar mensagens de correio eletrónico com um corpo vazio e um assunto escolhido aleatoriamente de entre uma centena de temas predefinidos e anexa um anexo executável que contém uma variante do vírus. Os vírus que utilizam uma extensão *.eml* exploram uma falha no Microsoft Internet Explorer 5.

Uma caraterística particular do vírus Klez é a sua capacidade de enviar mensagens de correio eletrónico que fingem ser de um remetente cujo endereço foi encontrado na máquina da vítima (o vírus altera o campo *"from"* da mensagem de correio eletrónico enviada).

As variantes mais recentes do vírus incluem mesmo ferramentas que lhes permitem tornar obsoleto o principal software anti-vírus.

Para piorar a situação, os autores do vírus programaram-no para enviar às vítimas uma pseudo-correção contra si próprio num e-mail intitulado *Worm Klez.E immunity.* O correio também envia mensagens de erro falsas, indicando que uma mensagem não pôde ser entregue, e mais uma vez contendo uma cópia do vírus como anexo!

O vírus Klez também é capaz de se propagar através de diretórios partilhados em redes Microsoft Windows, infectando ficheiros executáveis aí localizados.

A visualização de páginas Web em servidores infectados com o vírus Klez pode levar à infeção quando um utilizador visualiza essas páginas com um navegador vulnerável Microsoft Internet Explorer 5.

O vírus Nimda também é capaz de assumir o controlo de um servidor Web Microsoft IIS (Internet Information Server), explorando determinadas falhas de segurança.

Finalmente, tal como os seus irmãos, o vírus infecta ficheiros executáveis na máquina infetada, o que significa que também é capaz de se propagar através da troca de ficheiros.

Para completar o quadro, o vírus Klez está programado para apagar ficheiros selecionados aleatoriamente a cada seis dias (ou seja, no dia 6 do mês) dos meses ímpares. A cereja no topo do bolo: nos dias 6 de janeiro e 6 de julho o vírus apaga todos os ficheiros do disco!

**Sintomas de infeção**

O vírus Klez utiliza o máximo de recursos possível na máquina infetada. Se o seu computador reagir de forma lenta e estranha, a primeira coisa a fazer é analisar todos os seus discos com o seu antivírus, tendo em conta que o vírus pode ter modificado o antivírus para evitar a deteção...

## 4-    Para o vírus Klez

Para erradicar o worm Klez, o melhor método é primeiro desligar a máquina infetada da rede e, em seguida, utilizar um antivírus recente ou o kit de desinfeção oferecido pela Symantec (de preferência reiniciando o computador em modo de segurança):

Descarregar o kit de desinfeção

Além disso, o vírus propaga-se através de uma falha de segurança no Microsoft Internet Explorer, o que significa que o utilizador pode ser infetado pelo vírus ao navegar num sítio infetado. Para remediar esta situação, é necessário descarregar o patch (correção de software) para o Microsoft Internet Explorer 5.01 e 5.5. Verifique a versão do seu navegador e descarregue a correção, se necessário: http://www.microsoft.com/windows/ie/download/critical/Q29010 8/de fault.asp

Como o vírus falsifica o endereço de correio eletrónico do remetente (campo *"from")*, aconselhamos a não responder ao remetente do vírus, mas a olhar para o campo *"Return-Path"* da mensagem de correio eletrónico e a escrever uma mensagem ao remetente!

## Mais informações sobre o vírus

- . http://solutions.journaldunet.com/0204/020419_kl ez.shtml

- . http://vil.nai.com/vil/content/v_99367.htm

- . http://www.antivirus.com/vinfo/virusencyclo/defaul t5.asp?VName=WORM_KLEZ.E

- . http://www.01net.com/rdn?oid=178276

- . http://securityresponse.symantec.com/avcenter/v enc/data/w32.klez.h@mm.html

http://www.kav.ch/avpve/worms/email/klez.stm  **Apresentação do vírus LovSan**

**O** vírus **LovSan** (também conhecido como *W32/Lovsan.worm, W32/Lovsan.worm.b, W32.Blaster.Worm, W32/Blaster-B, WORM_MSBLAST.A, MSBLASTER, Win32.Poza, Win32.Posa.Worm, Win32.Poza.B)* é o primeiro vírus a explorar a falha RPC/DCOM *(Remote Procedure Call)* nos sistemas Microsoft Windows, permitindo a comunicação entre processos remotos. Ao explorar a falha através de um buffer overflow, um programa malicioso (como o vírus LovSan) pode assumir o controlo da máquina vulnerável.

## As acções do vírus

O worm **LovSan / Blaster** está programado para procurar, num intervalo aleatório de endereços IP, sistemas vulneráveis à falha RPC no porto 135.

$_o$Quando uma máquina vulnerável é encontrada, o worm abre uma shell remota na porta TCP 4444 e força a máquina remota a descarregar uma cópia do worm para o diretório *% WinDir%o\system32*, executando um comando *TFTP* (porta 69 UDP) para transferir o ficheiro da máquina infetada.

Depois de o ficheiro ter sido descarregado, é executado e cria entradas no registo para que seja reiniciado automaticamente sempre que o sistema for reiniciado:

- .       HKEY_LOCAL_MACHINE\SOFTWARE\Microsoft\ Windows\CurrentVersion\

- .Executar "windows auto update" = msblast.exe Só quero dizer que AMO VOCÊ SAN!!!! bill

Para completar o quadro, o vírus LovSan/Blaster foi concebido para efetuar um ataque ao serviço *WindowsUpdate* da Microsoft, a fim de interromper a atualização das máquinas vulneráveis!

**Sintomas de infeção**

A exploração da vulnerabilidade RPC provoca uma série de anomalias nos sistemas afectados, relacionadas com a desativação do serviço RPC (processo *svchost.exe / rpcss.exe)*. Os sistemas vulneráveis apresentam os seguintes sintomas:

- .Copiar/Colar com defeito ou impossível

- .A hiperligação não pode ser aberta numa nova janela

- .Não é possível mover os ícones

- .função de pesquisa de ficheiros do Windows irregular

- .fechar a porta 135/TCP

**5-     *Para erradicar o verme LovSan***

O melhor método consiste em desinfetar primeiro o sistema utilizando o seguinte kit de desinfeção: Descarregar o kit de desinfeção.

Além disso, como o vírus se propaga através da rede Microsoft Windows, aconselhamos vivamente a instalação de uma firewall pessoal nas máquinas ligadas à Internet e a filtragem das portas tcp/69, tcp/135 a tcp/139 e tcp/4444.

**Mais informações sobre o vírus**

- .Nai

- .Microsoft

- .Sophos

- .Symantec

- Ferramenta de desinfeção da Symantec

**Apresentação do vírus Sasser**

O vírus **Sasser** (também conhecido como *W32/Sasser.worm, W32.Sasser.Worm,                Worm.Win32.Sasser.a, Worm.Win32.Sasser.b* ou *Win32.Sasser)* apareceu em maio de 2004, explorando uma vulnerabilidade no Windows LSASS *(Local Security Authority Subsystem Service,* correspondente ao executável lsass.exe). O primeiro vírus a explorar a falha no serviço LSASS do Windows apareceu apenas duas semanas após a publicação da falha e a disponibilização dos primeiros patches.

**As acções do vírus**

O worm **Sasser** está programado para lançar 128 processos

(1024 no caso da variante SasserC) responsáveis por analisar uma gama aleatória de endereços IP para sistemas vulneráveis à falha LSASS na porta 445/TCP.

O vírus instala um servidor FTP na porta 5554 para se tornar disponível para descarregamento para outros computadores infectados,

Depois, quando uma máquina vulnerável é encontrada, o worm abre uma shell remota na máquina (na porta TCP 9996) e força a máquina remota a descarregar uma cópia do worm (chamada *avserve.exe* ou *avserve2.exe* para a variante Sasser.B) para o diretório do Windows.

Depois de o ficheiro ter sido descarregado, cria um ficheiro chamado *win.log* (ou *win2.log* para a variante Sasser.B) no diretório *c:*³ para registar o número de máquinas que consegue infetar. Em seguida, cria entradas no registo para se reiniciar automaticamente em cada reinicialização:

- .HKLM\Software\Microsoft\Windows\CurrentVersio n\Run\avserve = avserve.exe ou

HKLM\Software\Microsoft\Windows\CurrentVersion\Run avserve.exe -> C:\%WINDIR%\avserve.exe

O vírus chama a função *"AbortSystemShutdown"* para evitar que seja reiniciado (ou desativado) pelo utilizador ou por outros vírus,

## Sintomas de infeção

A exploração da vulnerabilidade LSASS provoca uma série de avarias nos sistemas afectados, relacionadas com a paragem do serviço LSASS (processo *lsass.exe).* Os sistemas vulneráveis apresentam os seguintes sintomas:

. Se for reiniciado prematuramente, o sistema apresenta a seguinte mensagem :

.Encerramento do sistema iniciado pela Autoridade/Sistema

.O processo do sistema:

C: \WI ND OWS\system32\lsass.exe

terminou inesperadamente com o código de estado 128

.Tráfego de rede nos portos TCP 445, 5554 e 9996,

.encerramento abrupto do 'LSASS.EXE' com uma janela de erro que apresenta: lsass.exe-application error

## 6-    Para erradicar o vírus

O melhor método é, antes de mais, proteger o sistema activando a firewall.

Em seguida, clique com o botão direito do rato na ligação à Internet e clique em *Propriedades.* Selecione o separador *"Definições avançadas"* e, em seguida, assinale a caixa *"Proteger o meu computador e a rede limitando ou proibindo o acesso a este computador a partir da Internet"* e confirme clicando em *OK.*

É então essencial atualizar o sistema utilizando o serviço Windows Update ou actualizando o seu sistema com o próximo patch correspondente ao seu sistema operativo.

Além disso, como o vírus se propaga através da rede, aconselhamos vivamente a instalação de uma firewall pessoal nas máquinas ligadas à Internet e a filtragem das portas tcp.

**Mais informações sobre o vírus**

- .Nai

- .F-Secure

- .Microsoft

- .Sophos

- .Symantec

- .Symantec-Ferramenta de desinfeção

- .Secuser (Sasser)

- Secuser (falha LSASS)

**O que é um kit de desinfeção?**

Um kit de desinfeção é um pequeno executável concebido para limpar uma máquina infetada por um determinado vírus. Cada kit de desinfeção é, portanto, capaz de erradicar apenas um tipo específico de vírus, ou mesmo uma versão específica de um vírus.

Os utilitários de desinfeção apresentados abaixo não substituem de forma alguma a ação do software antivírus. O software antivírus desempenha um papel preventivo, interceptando o vírus antes de a máquina ser infetada. No entanto, em caso de infeção, os kits de desinfeção que pode descarregar deste sítio permitir-lhe-ão tomar medidas corretivas para erradicar o vírus!

## Como utilizar os utilitários de desinfeção?

Para erradicar um vírus da sua máquina, desde que saiba qual o vírus que infectou o seu sistema, o melhor método é, em primeiro lugar, desligar a máquina infetada da rede e, em seguida, recuperar o kit de desinfeção adhoc.

Em seguida, reinicie o computador em modo de segurança (exceto no WindowsNT) e execute o utilitário de desinfeção.

Além disso, alguns worms estão a propagar-se através de uma falha de segurança no Microsoft Internet

Explorer, o que significa que o utilizador pode ser infetado pelo vírus ao navegar num sítio infetado. Para remediar esta situação, descarregue a correção para o *Microsoft Internet Explorer.*

# CONCLUSÃO

Em suma, os vírus são softwares destinados a interferir no funcionamento real dos computadores através dos seus programas. Trata-se de um mecanismo que deveria ser condenado, mas que responde a critérios comerciais, ou seja, convida o operador a comprar de volta os programas.

Pelo menos, delineámos os seus meandros e algumas das medidas da sua luta.

A ciência é complementar, e cada um de nós pode dar o seu contributo para a construção do conhecimento, pelo menos para abrir horizontes nas zonas cinzentas.

Para nós, esta era uma grande preocupação, razão pela qual decidimos acrescentar algumas linhas para que todos os leitores pudessem sentir-se à vontade no seu exercício científico.

Os dados fornecidos aos cientistas provêm de ambos os lados, e esta concorrência enriquece o conteúdo do livro.

Se tiver alguma crítica ou sugestão, estamos sempre de braços abertos, porque "quem ama a ciência, ama a correção".

Gostaria de tirar o chapéu a todos os que puderem continuar na mesma linha que nós: publicar, criticar, encorajar/congratular e, sobretudo, apoiar-nos financeiramente.

# BIBLIOGRAFIA

Publicações

1- Como funciona 2009

2- François, Encyclopédie Informatique, 2009

3- François Sicot, Saúde com o coração aberto, 2011

4- Le petit Larousse illustré 2009,

5- Mukedi Diesta-Mputu D., - A organização de um serviço

TI num sistema de gestão/empresa, EUE, Chisinau, Moldávia, Europa 2024

-    Pobreza mental, uma arma nuclear "desenfreada", EUE, Chisinau, Moldávia, Europa 2024

-    Redes informáticas :

o mundo nas nossas mãos, EUE, Chisinau, Moldávia, Europa 2024

-    Algumas resoluções importantes sobre as dificuldades profissionais na gestão das TI, EUE, Chisinau, Moldávia, Europa 2024

**Outras fontes**

-        Wikipédia

   -    www.universalis.fr< enciclopédia

-        Bomba lógica, CommentCaMarche.net

-        Lemag.ird.fr, Jean Jacques Muyembe, 29/08/24 às
         15h43.

-        Jargão informático

-        http://www. kav.ch/avpve/wo rms/ema i l/klez.stm

# ÍNDICE DE CONTEÚDOS

# I want morebooks!

Buy your books fast and straightforward online - at one of world's fastest growing online book stores! Environmentally sound due to Print-on-Demand technologies.

Buy your books online at
**www.morebooks.shop**

Compre os seus livros mais rápido e diretamente na internet, em uma das livrarias on-line com o maior crescimento no mundo! Produção que protege o meio ambiente através das tecnologias de impressão sob demanda.

Compre os seus livros on-line em
**www.morebooks.shop**

Printed by Books on Demand GmbH, Norderstedt / Germany